Rhagair

Annwyl ddarllenydd,

Diolch am agor clawr fy nghyfrol fach. Mae'r geiriau direidus wedi bod yn aros am rywun fel chdi i'w darllen nhw. Mae'r rhan fwyaf o'r cerddi wedi cael eu hysbrydoli gan fy atgofion o'r adeg pan o'n i tua'r un oed â chdi. Gobeithio gwnei di fwynhau eu darllen nhw dro ar ôl tro. Ella y gwnei di fentro i ysgrifennu cerdd hefyd. Pam lai?

Cofion ansbaredigaethus,

Anni Llŷn x

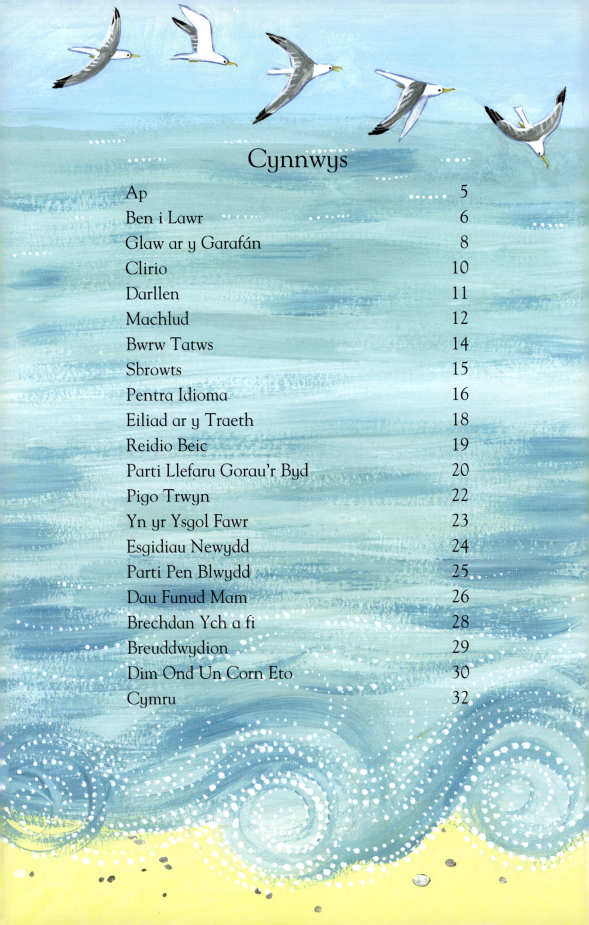

Cynnwys

Ap	5
Ben i Lawr	6
Glaw ar y Garafán	8
Clirio	10
Darllen	11
Machlud	12
Bwrw Tatws	14
Sbrowts	15
Pentra Idioma	16
Eiliad ar y Traeth	18
Reidio Beic	19
Parti Llefaru Gorau'r Byd	20
Pigo Trwyn	22
Yn yr Ysgol Fawr	23
Esgidiau Newydd	24
Parti Pen Blwydd	25
Dau Funud Mam	26
Brechdan Ych a fi	28
Breuddwydion	29
Dim Ond Un Corn Eto	30
Cymru	32

Ap

Mae gen i . . .
ap arallfydion,
ap adeiladu,
ap dawnsio,
ap canu,
ap ffrwydro fferins,
ap rhifo,
ap byrstio balŵns,
ap lliwio,
ap creu cacen,
ap pwnio pêl,
ap anifail anwes,
ap casglu mêl,
ap chwarae tennis,
ap wyneb gwirion,
ap sŵn rhechu,
ap gwneud acenion.

Mae pob ap fel parti
ar fy nheclyn bach hud.
Ond beth yw'r pwynt cael parti
heb ffrindiau yn y byd?

5

Ben i Lawr

Allwch chi fy helpu?
Mae gen i broblem fawr.
Am ryw reswm rhyfedd,
mae fy myd i ben i lawr.

Dwi'n teimlo braidd yn unig
heb lawer iawn o ffrindiau,
dim ond ambell esgid
a rhesi o bengliniau.

Mewn dosbarth dwi'n gweld dim
ond gwm cnoi o dan y bwrdd.
Ac er ei fod yn flasus,
mae'n anodd ei gael i ffwrdd.

A tydi bwyta ddim yn hawdd,
boed gawl neu datws trwy'u crwyn.
Mae pob un tamaid, yn ddi-baid,
yn llithro i fyny 'nhrwyn.

Does gen i'm syniad ydi hi'n dri
neu'n hanner awr wedi naw.
Ac mae gen i ambell bothell fawr
yn tyfu ar bob llaw.

Ond mae Mam yn dweud bob tro
wrth roi i mi garu mawr . . .
'Mae pawb yn teimlo weithiau
fod eu byd nhw ben i lawr.'

Glaw ar y Garafán

Maen nhw'n cnocio,
wyddoch chi,
yn dawnsio ar y to
i fy hudo
allan i chwarae.

Ond mae'r garafán yn glyd,
ac er bod y glaw o hyd yn curo,
mae swatio'n llawer gwell.

I sŵn pell y curiadau
cawn chwarae cardiau,
ac yfed siocled poeth a the.
Yn lle cwyno ei bod hi'n glawio,
cawn wrando ar y radio
a dechrau pob sgwrs efo
'Ti'n cofio . . .'

Ella 'mod i,
ar ôl 'chydig oriau,
yn dechrau 'laru ar y curiadau.
Ond does 'na ddim pwynt pwdu . . .

Dim ond iddi beidio bwrw bob dydd!

Clirio

Bob dydd bron,
fel tôn gron,
mae Mam yn gweiddi:
'Dos i glirio dy stafell wely, 'nei di?!'

Ac mae ei safonau hi'n uchel:
'Dwi heb weld y carped ers sbel!
Mae 'na lanast ar y bwrdd!
Rho dy ddillad yn y cwpwrdd,
dim esgusodion trist,
teganau yn y gist.
Ac wedi i ti glirio,
cofia ddystio a hwfro.
A gwna siâp arni,
mae dy swper di'n oeri.'

Ond mae gen i dacteg
sy'n taro deuddeg:
gwthio'r cyfan o dan y gwely
a'i anghofio tan fory.

Ac anwybyddu . . . pan fydda i heno
yn taro fy nhrwyn yn erbyn y to!

Darllen

Sh!
Clyw!
Does dim smic.
Mae'r stafell yn llonydd.
Does dim yn siffrwd,
na neb yn sibrwd.

Ond mae 'na rywbeth
sy'n gyrru gwefr ar hyd y silffoedd.
Rhywbeth sy'n llechu yn y llyfrau,
yn gudd yn y geiriau.

Rhywbeth hudol.

Mae'n deffro wrth dy deimlo'n agos.
Mae'n gwingo'n llawn cyffro.

Ti'n agor llyfr.

Ac mae'n hedfan,
yn drybowndian yn dy ben,
ac yn dawnsio â'th ddychymyg.

Geiriau rhywun wedi'u printio
yn dy ddeffro'n swnllyd
mewn stafell dawel.

Machlud

Welest ti'r haul yn pendwmpian,
yn dylyfu ei ên am hir?
Mae'n llithro'n araf, araf
o dan gwrlid mawr y tir.

Welest ti'r haul yn hepian,
a'i fochau'n goch wedi blino?
Mae'r gwynt yn cosi ei wyneb,
a sŵn y môr yn ei suo.

Welest ti'r haul yn pendrymu,
yn rhwbio'i lygaid bob awr?
Mae hwiangerdd yr adar bach
yn tawelu nawr.

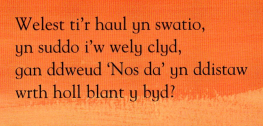

Welest ti'r haul yn swatio,
yn suddo i'w wely clyd,
gan ddweud 'Nos da' yn ddistaw
wrth holl blant y byd?

Mae'n amser i chditha fynd i gysgu,
Ym myd y breuddwydion mawr.
Cysga dy ora, fy mach i,
cysga tan doriad y wawr.

Bwrw Tatws

Mae hi'n bwrw tatws yn nhŷ Taid,
bwrw tatws yn ddi-baid.
Tatws mawr a thatws bach.
Tatws stwnsh a thatws mewn sach.
Tatws-yn-popty a thatws wedi'u ffrio.
Tatws a nionod sy'n gwneud i mi grio.
Tatws wedi'u torri yn union fel sglodion.
Tatws wedi'u sleisio yn union fel creision.
Ac ar ddydd Sul, tatws wedi'u rhostio.
Ydi, mae Taid yn un da am arddio.

14

Sbrowts

'Mi fydda i'n stowt os bydd sbrowt yn sbâr.
Bwyta bob tamaid o dy swpar!'

Mae'r geiriau yn nofio yn y grefi,
yn stwna yn y tatws stwnsh.
Ac rwy'n ddigon hapus
i fwyta'r rheini
a'r moron
a'r pys.

Ond pam sbrowts?
Pam y pethau bach,
drewllyd,
o hyd?

Mae'r Dolig wedi pasio,
ond mae'r sbrowts yn dal yno'n
llechu rhwng y llysiau arferol,
fel creaduriaid arallfydol.

Ond mae gen i gyfrinach:
mae digon o le i fy sbrowts
ar blât fy chwaer fach!

15

Pentra Idioma

Mae Pentra Idioma'n lle rhyfedd i fyw.
Yn wir, mae'r lle'n unigryw.

Cewch groeso arbennig gan Anti Bet
Sydd ond yn siarad â'i hwyneb mewn het.

Drws nesaf, mae tŷ ar ei hanner ers tro,
Â degau o ffidlau yn sownd yn y to.

A phan fydd hi'n bwrw glaw fan hyn,
Yn gawod o'r awyr daw hen wragedd a ffyn.

Mae 'na awdur blêr, sydd yn dal ac yn fain,
Sy'n sgrifennu ar ras – dim ond traed brain.

Ond gwyliwch y lleidr blewog sy'n mynnu dwyn
Anadl pawb a blewyn o bob trwyn.

A dyna'r actores sy'n ddramatig bob awr –
Mae hi'n byw'r ochr arall i'r mynydd llestri mawr.

Ond y bachgen bach hapusa'n y lle
Yw'r boi sydd â'r wên o'i glust chwith i'w glust dde.

Ac mae'i frawd wedi clywed holl straeon y byd –
Mae gan hwnnw glustiau dros ei gorff i gyd.

Fel y dywedais ar y dechra, mae'n lle rhyfedd i fyw,
Ond fel pob pentra arall, mae'r lle'n reit unigryw.

Eiliad ar y Traeth

Traed yn tyrchu yn y tywod.
Gwres rhwng fy modiau.
Awel ddireidus
yn chwarae yn fy ngwallt,
yn clymu'r cudynnau hallt.
A'r môr yn ddiog,
yn codi llaw bob hyn a hyn.

Eiliad,
i deimlo'r cyfan.
Yna . . .

Bloeddio.
Nofio.
Chwerthin.
Chwarae.

Codi cestyll atgofion,
a'u cadw'n ddiogel . . .
tan y tro nesa.

Reidio Beic

Dow-dow.
Ara' deg.
Igam-ogam.
Wibli-wobli.

Yna . . .

Sythu.
Cyflymu.
Gwthio'r pedalau'n gynt.
Teimlo'r gwynt.

Gwibio.
Mynd heb ddwylo.
Mentro.

Dro ar ôl tro,
eto ac eto.

Reidio bob dydd,
o hyd ac o hyd,
nes cyrraedd llinell derfyn
Pencampwriaeth y Byd.

Parti Llefaru Gorau'r Byd

Ry'n ni'n gallu eich gweld chi,
yn rowlio eich llygaid,
yn meddwl dianc am y drws.
Neb eisiau clywed parti llefaru,
dim ond clywed y plant dan wyth
yn canu'n dlws.

Wel, arhoswch am funud
a gwrandewch,
ar barti llefaru gorau'r byd.

Mi fedrwn ni lefaru –
yn gyflym i ddangos cyffro,
neu'n araf a theimladwy
a'n lleisiau pêr yn asio.
Mi fedrwn ni edrych ar ein garddwrn
i ddangos ein bod ni'n hwyr,
neu ysgwyd pen yn feddylgar
i anghytuno'n llwyr.
Mi fedrwn ni ochneidio'n ddramatig,
neu chwerthin yn braf.
Mae'n hawdd cyfleu y gaeaf oer,
neu ddyddiau poeth yr haf.
Mi fedrwn ni rannu'n ddau
a llefaru ar wahân –
un grŵp i ddweud y geiriau
a'r llall i ŵ-ian cân.
Er mwyn amrywiaeth, lleisiau unigol?
Llinell yr un i gadw pethau'n ddiddorol.
A phan ddaw'r diwedd, sibrwd yn ddwys,
cyn gollwng pen i orffwys.

Felly arhoswch yma i wrando
ar y gystadleuaeth ar ei hyd,
i chi gael dewis pwy
yw parti llefaru gorau'r byd.

Pigo Trwyn

Mae 'na rywun yn yr ysgol
sy'n mynnu pigo'i thrwyn mawr,
a rowlio'r baw fel pêl
cyn ei fflicio ar y llawr.

Mae 'na bentwr bach o'r baw
yn tyfu wrth ei throed.
Mae rhai o'r peli bellach
bron yn bum mlwydd oed!

Dwi'n rhoi fy llaw i fyny,
mae'n rhaid i mi wneud cwyn.
'Miss, os gwelwch yn dda,
wnewch chi stopio pigo'ch trwyn?!'

Yn yr Ysgol Fawr

Ro'n i'n arfer bod yn blentyn mawr
mewn ysgol lawn o rai llai,
ond nawr, dwi'n teimlo'n fychan.
Ai fi sydd ar fai?
Na!
Mae'n rhaid mai'r ysgol newydd,
sy'n llawn o blant mwy,
sy'n gwneud i mi deimlo'n fach,
heb wybod pwy 'di pwy.
Ond dwi'n siŵr o un peth –
er mai fi yw'r lleiaf un,
ysgol fach neu ysgol fawr,
mi fydda i wastad yn fi fy hun.

Esgidiau Newydd

Mesur yn fy sanau taclus.

'Mae dy draed wedi tyfu!'

Gwenu'n hapus.
Mae hynny'n golygu
ESGIDIAU NEWYDD!

Dewis y rhai lliwgar,
sy'n disgleirio fel glaw.

'Maen nhw'n ffitio'n berffaith!'

Diolch,
a chodi llaw.

Teithio adref yn eu gwisgo.
Symud fy modiau i'w teimlo.

Cyrraedd
a neidio i lawr.
Rhedeg –
rwy'n gyflym nawr.

Eisgidiau newydd
i'w hedmygu,
nes bydd fy nhraed i
wedi tyfu.

Parti Pen blwydd

Tic-toc
Tic-toc.
Mae'n bedwar!
Amser parti!

Sŵn balŵns yn gwichian,
y lliwiau'n ffrwydriadau
a'r lle'n llawn ffrindiau.

Anrhegion yn eu degau,
a jeli cyn belled ag y gweli di.

Cerddoriaeth!
Y curiad yn crynu'r cardiau.

Dawnsio.
Dawnsio.
Dawnsio
nes bod fy nhraed i'n brifo.

Dyma barti ansbaredigaethus.

Pen blwydd hapus!!

Dau Funud Mam

Mae amser yn beth rhyfedd –
twyllodrus a dweud y gwir.
Mae amser weithiau'n hedfan,
dro arall mae'n amser hir.

Ond mae 'na fath o amser
sy'n corddi plant di-nam,
yr amser gwaethaf un
yw 'Dau Funud Mam'.

Dau funud Mam yw'r hiraf,
a'r creulonaf yn y byd.
Mae'n amser hir ofnadwy –
fy arteithio mae o hyd.

Mae Mam yn dweud, 'Dau funud!'
wrth 'biciad' i lawr o'r car,
a'r geiriau yn atseinio
fel crawcian cas, aflafar.
Rwy'n aros yno'n dawel
yn syllu ar y cloc.
Mae hwnnw yn arafu,
fy ngwatwar bob tic-toc.

Ac mi wn i fod Mam yno,
yn dal i sefyll yn y siop
yn anwybyddu'r amser,
ac yn siarad yn ddi-stop.

Daw 'nôl i'r car yn gwenu
a finna wedi gwylltio.
Ond cyn i mi ddweud gair,
dwi'n cael fferins i 'nghysuro.

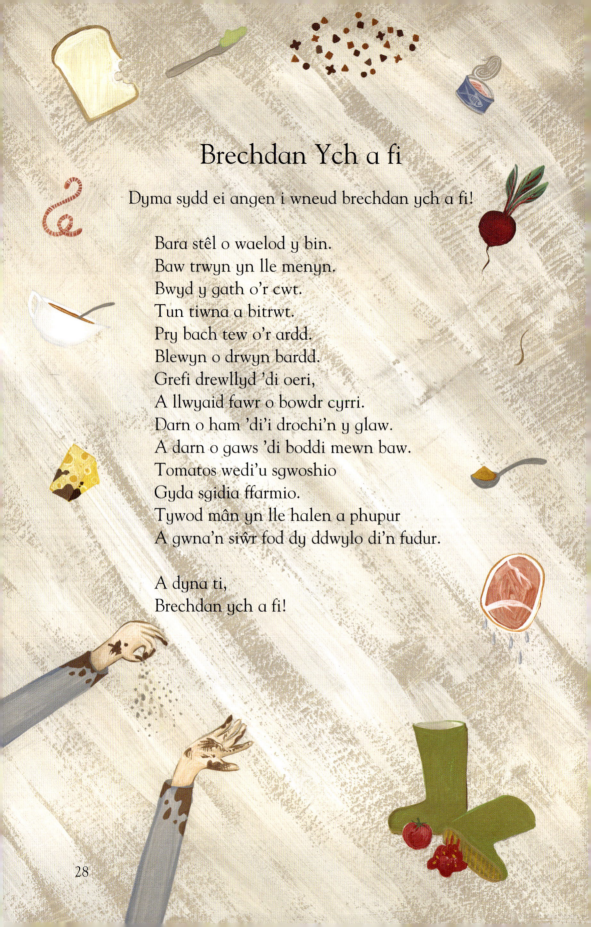

Brechdan Ych a fi

Dyma sydd ei angen i wneud brechdan ych a fi!

Bara stêl o waelod y bin.
Baw trwyn yn lle menyn.
Bwyd y gath o'r cwt.
Tun tiwna a bitrwt.
Pry bach tew o'r ardd.
Blewyn o drwyn bardd.
Grefi drewllyd 'di oeri,
A llwyaid fawr o bowdr cyrri.
Darn o ham 'di'i drochi'n y glaw.
A darn o gaws 'di boddi mewn baw.
Tomatos wedi'u sgwoshio
Gyda sgidia ffarmio.
Tywod mân yn lle halen a phupur
A gwna'n siŵr fod dy ddwylo di'n fudur.

A dyna ti,
Brechdan ych a fi!

Breuddwydion

Dwi wedi breuddwydio droeon
'mod i'n gallu hedfan;
    nofio drwy'r cymylau,
    dawnsio gyda'r adar,
    gwibio o wlad i wlad.

Dwi wedi breuddwydio droeon
'mod i'n ddyfeisiwr gwych;
    beic sy'n gallu sboncio,
    teledu sy'n gwneud gwaith cartref,
    gwely sy'n canu.

Dwi wedi breuddwydio droeon
'mod i'n Brif Weinidog;
    siocled am ddim i bawb,
    dim ysgol ar ddydd Llun,
    gwahardd sbrowts.

Mae fy mreuddwydion
yn llawn antur,
a phob un mor glir.
Ond y breuddwydion gorau
yw'r rheini sy'n dod yn wir.

Dim Ond Un Corn Eto

'Dim ond un corn eto!'
meddai Siôn wrtho'i hun
wrth fentro at y simnai,
y simnai olaf un.

Ond roedd yr 'un corn eto'
yn gorn go fach, fach, fach,
ac aeth pethau braidd yn gyfyng
i'r hen Siôn Corn a'i sach.

Brwydrodd a brwydrodd eto
i wthio'i hun i lawr.
Ond O! Aeth Siôn yn sownd
a hithau'n doriad gwawr.

Ceisiodd gicio'i goesau
gan wingo'n wyllt, a wiglo,
ond doedd o ddim yn symud,
doedd dim byd yn tycio.

Bu yno am amser –
am bron i ddwy awr.
Mae hynny'n amser hir, hir, hir
Pan wyt ti'n sownd a dy ben i lawr.

Roedd yr hen Siôn Corn, druan,
mewn sefyllfa od o ffôl.
Ond yn sydyn clywodd grawcian,
a glaniodd brân ar ei ben-ôl.

'Hei ti, yn y corn,
be ti'n neud yn fan'na?
Mae hi'n Ddolig, wyddost ti,
mae angen llenwi sana!'

Griddfan wnaeth Siôn:
'Dwi'n sownd . . . ac yn unig!'
Felly arhosodd y 'deryn,
gan ei bod hi'n Nadolig.

A'r frân gafodd frên wêf –
Dechreuodd bigo'r hen Siôn,
nes ei fod yntau'n gwneud sŵn –
sŵn mawr, fel trombôn.

Roedd Siôn Corn yn chwerthin
a'i fol mawr yn ysgwyd.
Ac yn wir, cyn pen dim,
roedd Siôn wedi symud.

Disgynnodd fel doli
yn un twmpath i'r lle tân.
Roedd o'n rhydd o'r diwedd,
diolch i'r hen frân!

Doedd dim un corn eto,
ac aeth Siôn am adra,
wedi gwneud ei waith
tan y flwyddyn nesa.

Cymru

Y caeau fel aps ar sgrin y tir,
a thonfeddi'r traethau
yn canu fel erioed.

Curo cyson steddfodau ar y drws,
crys rygbi newydd,
sŵn stadiwm pêl-droed.

Y lonydd troellog yn wifrau
rhwng y trefi tanbaid
a'r dinasoedd gwaith.

A'r cyfan yn dawnsio
i gyfeiliant dwy iaith.

Ond nid dyma pam
mae'r wlad yn arbennig,
wyddoch chi.

Ond oherwydd bod y cyfan
yn rhan ohonof i.